日教組 カリキュラム提言

ゆたかな学びの創造を

JTU 日本教職員組合

● はじめに ●

子どもたち一人ひとりの
ゆたかな学びを保障する
カリキュラムづくりを

日本教職員組合 中央執行委員長
泉 雄一郎

　改訂学習指導要領が告示されました。小学校高学年の外国語科、中学年の外国語活動の導入など、教育内容や授業時数も増加し、「質」も「量」も求める内容となっています。また、高校の教科・科目構成の再編等も予定されています。主体的・協働的な学びを保障していくためには、十分な教材研究や授業準備の時間の確保、自主的・創造的な研修機会の保障とともに、学習指導要領の弾力的運用など、学校現場の裁量を拡大することが必要です。

　「アクティブ・ラーニング」の表現は「主体的・対話的で深い学び」という表現に集約されたものの、指導方法や評価にまで言及しています。本来、ゆたかな学びは、子どもの実態から出発し、実践を積み重ねるものであり、学習指導要領はあくまで大綱的基準であることから、指導方法や評価を画一的に規定すべきではありません。

　また、18年度から「特別の教科」として前倒し実施される道徳は、一定の価値観の押し付けにつながることや評価に係る懸念はぬぐえません。

　日教組は、「子どもの実態をふまえた学び」や「子どもが主体となる学び」などとして、長年にわたり教育研究活動でとりくんできました。

　カリキュラムの編成権は、各学校・教職員にあることを再確認し、子どもの実態や地域の実態からゆたかな学びを保障するカリキュラムを創造していくことが重要です。

　日教組は、1974年8月に第1回「教師の力量を高めるための自主編成研究講座」を開催しました。その背景には、1960年代の経済成長にあわせた能力主義教育、全国学力テストの実施、「期待される人間像」（1966年）があります。これは、「日本人の自覚」として「愛国心」を説き、高度経済成長下の労働者像として、企業への忠誠心と仕事に打ち込む従順な労働意欲を求めるものでした。これらをうけて改訂された学習指導要領では、小学校で「神話」教育を復活させ、小学校の算数に「2進法」、中学校の数学に「集合」や「確率」など、「教育の現代化」という高度な内容が盛り込まれました。

　こうした教育政策に対して、日教組は、1971年、「教育制度検討委員会」が対案を出し、「国民の手による教育の創造と教育の自由」の原則を掲げ、「学校5日制」

を展望し、「教科・総合学習・自治的諸活動」からなる教育課程案を提示しました。

　同時に日教組は、「わかる授業・楽しい学校」をスローガンに、自主編成運動をすすめていきました。その基本的（原則的）視点として

① 憲法・教育基本法の精神に沿ったものであること
② 子どもの全面発達を保障するという前提に立ち
③ 科学的・系統的に精選されたものであること
④ 組織的、集団的なとりくみを前提とし
⑤ 職場闘争と一体的にすすめること
⑥ 父母、地域と結びつきを深め、理解と協力を得ながらすすめること

を確認しました。現在では「カリキュラム編成講座」と名称が変更されていますが、この基本的（原則的）視点は、教育基本法が「改正」された今日においても、教育研究活動をすすめる上で大切にしたいと思います。

　しかし、私たちの日々の教育研究活動はどうでしょう。職場教研はどうなっているのでしょう。組織的・集団的に行われているのでしょうか。時間外勤務が増加する中で、教職員の協力・協働の関係はどうなっているのでしょうか。

　さて、この度、日教組カリキュラム編成検討委員会は、「ゆたかな学びにむけて」「学習指導要領改訂のねらいとその問題点」「子ども・教職員をとりまく課題」という３つ柱からなる13の提言をまとめました。

　この「日教組カリキュラム提言」が多くの皆さんに活用され、ゆたかな学びと学校現場の実態に応じたカリキュラムの創造にむけた教育実践がすすめられることを願っています。

　教育実践のよりどころとなる、このカリキュラム提言の作成にご尽力いただきました多くの関係者の皆さまに心から感謝申し上げます。

CONTENTS

はじめに …………………………………………………………………… 2

Ⅰ ゆたかな学びとカリキュラム編成 ———————————— 5

総　論　ゆたかな学びにむけて ～強制されない学びを～ ……………… 6

提言 1　子どもの意見が反映された学校づくりを！ ……………………… 8

提言 2　子どもの「今ある姿」から、ゆたかな学びの創造を！ ………… 9

提言 3　「合理的配慮」によってインクルーシブな学校に！ …………… 10

提言 4　社会を読みとり、社会をよりよく変えていく学びを！ ……… 11

提言 5　お互いを理解するための学びを！ ……………………………… 12

提言 6　地域とむすぶ、子どもを中心としたカリキュラムを！ ……… 13

Ⅱ 学習指導要領とカリキュラム編成 ———————————— 15

総　論　学習指導要領改訂のねらいとその問題点 ～改革指針の4本柱に対する批判～ ……… 16

提言 7　みんなでカリキュラムの創造を！ ……………………………… 19

提言 8　一人ひとりを肯定し、尊重する評価を！ ……………………… 20

提言 9　ちがいを認めあい、自尊感情をゆたかに育む「道徳」に！ … 21

提言10　多文化共生をすすめる外国語教育を！ ………………………… 22

Ⅲ 学校現場の状況とカリキュラム編成 ———————————— 23

総　論　子ども・教職員をとりまく課題 ～「力をつける」という誤診～ ……… 24

提言11　超勤・多忙解消の実現にむけた具体的調整を！ ……………… 25

提言12　現場での教育研究活動の充実を！ ……………………………… 26

提言13　協力・協働の職場づくりを！ …………………………………… 27

ゆたかな学びと
カリキュラム編成

総論　ゆたかな学びにむけて〜強制されない学びを〜

　次期学習指導要領では、知識・技能、思考力・判断力・表現力、主体的に学習にとりくむ態度という学力の三要素のバランスの取れた育成が重視されています。しかし、たとえば、ある子どもに「思考力」が付いたかどうかをどのように判断し表現するのかは課題と言えます。

　これまでのさまざまな教育改革の中で繰り返し子どもたちには多くの「力」が求められてきました。コミュニケーション能力は就職に不可欠とされ、「生きる力」や「人間力」とまで言われています。生きている人間に対して「生きる力」と「人間力」を身につけさせるとは、具体的には何をしようとしているのでしょうか。

　結局、「能力」とはつねに「求められる能力」として提示され、その定着をめざすことは、子どもたちに今の(あるいは今後そうなるだろうと予想される)社会に適応することを強いることになります。つまり、学校は現状肯定(現在においては経済界からの要求に応える教育)から出発し、「効率的な」学習を追求していくことになるのです。たとえばそれは、「障害」、「不登校」、「外国籍」、「学力」といった指標で子どもたちを「分類」し、別の場所を設定し、「支援」していこうとする動きとしてあらわれてくることを危惧します。仮に「支援」が必要だとするなら、なぜ支援が必要な状況に至ったのかを課題とするべきですが、議論は構造を問うことにむかわず、自己責任として貧困や成績等の格差を大前提に、方法論ばかりに終始しています。

これは、インクルージョンを教育の基盤とする国際的動向に反する差別的状況であると言えます。インクルーシブ教育の実現には、物的・人的「条件」が前提だと考えられているかもしれませんが、最初から「条件」が整っていたから実現できるのではありません。ともに学ぶことの意義を基盤とする学校をつくろうとし、みんなで学び活動していくためにどんな工夫が必要なのかをその時々の具体に応じて考えていった結果なのです。「合理的配慮」とはこのような過程をさす言葉です。

　いま私たちは、「社会に出てから困らないように基礎的な知識を習得するため」に学校教育があるのではないと考える必要があります。学ぶことを権利ととらえるならば、なにを、いつ、どのように学ぼうとするかは、本人の自由の領域のことがらです。学習については、いつでもどこでもその機会が保障されていなければならない(教育基本法3条)のであって、学びを強制することなど誰にもできないのです。日本国憲法26条の「教育を受ける権利」と「教育を受けさせる義務」は、保護者が子どもの権利を拒んではならないことを述べているのであって、一定の期間内に一定の知識内容を習得する（させる）義務を課しているわけではないことをあらためて確認する必要があります。

　学校が、子どもたちに何かを「身に付けさせる」という発想から解放されることで、「ゆたかな学び」が、結果として、個人の中に実現されていくことでしょう。このような観点から、学校の中での「学び」を検証していくことが必要ではないでしょうか。

提言1

子どもの意見が反映された学校づくりを！

- 子どものことは子どもに聞く。子どものことは子どもが一番よく知っています。子どもどうしの関係性や課題もお互いわかっています。おとながよかれと思ってやっていることが、必ずしも子どもが求めるものとは限りません。まず子どもの意見を聞きましょう。そして、子どもを教育の対象としてとらえるのではなく、教職員も含む複数形の一人称「わたしたち」として、ともに学び、育つ関係をつくりましょう。

- 子どもは主権者です。教科学習、学級活動、児童会・生徒会活動、学校行事、学校運営などが、子どもたちの意見をふまえたものとなっているか点検しましょう。そして、子どもの権利が保障される学校について話しあいましょう。権利を保障された子どもたちは、他の人の権利を尊重することを体験的に学びます。誰もが尊重され、認められる学校づくりをすすめましょう。

- 他の人が考えていることと、自分が考えていることは違っていて当たり前です。ある人は気づき、ある人は気づかないことも、よくあることです。ものの見方・考え方は一つでなく、様々です。「みんなと違う意見大歓迎！」といったクラスの雰囲気をつくりましょう。そして、様々な考え方を尊重しあい、それらを調整しながら、合意形成していく過程を大切にした学びの場をつくりましょう。

提言2

子どもの「今ある姿」から、ゆたかな学びの創造を！

- 子どもの行動には必ず理由があります。「あるべき姿」ではなく「今ある姿」から一人ひとりにあった学びを組み立てていきましょう。それぞれにあった学びをすすめることは「学ぶ場」を分けることではありません。同じ場で互いを知り、支えあう関係性を大切にしていきましょう。

- 子どもの感性や心情は柔らかく、様々にかたちをかえます。教育がある「型」にはまってしまうと、子どもたちは窮屈さを感じてきます。学力の数値化で、子どもたちみんなに同じことを求め、同じ力を身につけさせることを求める指導になっていませんか。数値化での学力や評価等は、ほんの一部分でしかありません。何もかも同じようにするとりくみではなく、子どもたちの抱えている悩みや葛藤の背景をつかみ、子どもたちの思いや願いに寄り添うとりくみをすすめていきましょう。

- 「ねぇねぇ、ここ教えて」「そうか、わかった！」「なるほどね！」の子どもたちのつぶやく声が、ゆたかな学びにつながります。学ぶことが楽しく、生活や社会との結びつきを感じられることが重要です。自らを表現し、語りあえる人間関係や環境づくりをすすめていきましょう。

提言3

「合理的配慮」によって
インクルーシブな学校に！

- 子どもは一人ひとり悩みや困難を抱えているものです。表面上笑顔でいる子どもも人知れず悩みを抱えていることがあります。本人とよく話をして、コミュニケーションをとることで初めてその子どもの困難を知り、寄り添うことができるのです。学校が安心して過ごせるようなインクルーシブな居場所になるよう、「合理的配慮」を教職員全体で考えていくことが大切です。

- 子どもたちがともに学ぶことは権利です。子どもの個性はそれぞれです。子どもたちを教室の枠の中（教職員の固定観念）に押し込めようとしていませんか？ その枠から外れる子どもを別の場所に無意識に追いやろうとしていませんか。子どもを学校・学級にあわせるのではなく、学校・学級がその子にあわせて変更・調整し、様々な個性の子どもたちが一緒に学べる場となるようみんなで考えましょう。

インクルーシブ教育と特別支援教育のちがい

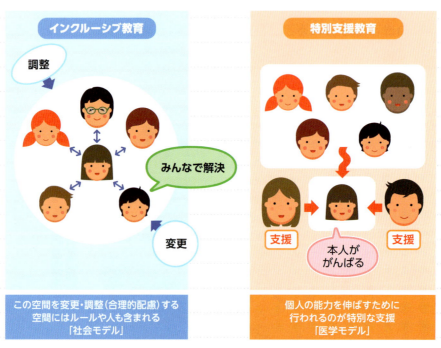

※インクルーシブな学校の中の一部に「特別支援教育」があります

提言4

社会を読みとり、
社会をよりよく変えていく学びを！

- 社会に課題があるにもかかわらず、ひたすら社会への適応を子どもたちに求め、社会に適応できないのは「個人の努力不足だ」と自己責任論で切り捨てる風潮があります。社会への適応を求めるのではなく、社会をよりよく変えていく学びをすすめていきましょう。

- 貧困・格差の問題が深刻となっている中、子どもが現状を知るだけではなく、問題を解決する主体となっていく学びが必要です。そのためには、なぜそうした問題が起こっているのかを的確にとらえ、社会をきちんと読みとる学びをすすめていきましょう。

- キャリア教育では、職場体験学習や就業体験を通じて、職場の厳しさや企業の要請を知り、自己管理能力や課題対応能力などを高めていくことが求められています。しかし、現実の職場では労働者の権利が侵害されている実態があります。労働現場の実態を知り、労働環境をよりよく変え、人間らしく働ける職場をつくるための学びをすすめていきましょう。

提言5

お互いを理解するための学びを！

- 日本社会は多民族・多言語・多文化となっています。共生社会のなかで、私たちが最も大切にしなければならないことは、「お互いを理解しあう」ということです。人権侵害を許さない社会を実現することが重要です。
まず様々な文化と楽しくゆたかな出会いができる機会をつくりましょう。そして、外国につながる人びとがなぜ日本で生活しているのか、何を望んでいるのか、歴史に学び、世界の様子や国の動きを知り、課題を意識した学びをすすめましょう。そのために当事者の声を聞くことも大切です。

- 隣国間で対立する課題は世界中に数多くあります。今でも多くの地域で武力紛争が起こっています。宗教、民族、領土をはじめとするさまざまな課題を解決するためには、相互理解と合意形成のための調整が必要です。それぞれの主張を繰り返すだけではなく、これまでの歴史や外交の経緯、現状の分析、将来にむけた判断などが必要となります。さまざまな課題を冷静かつ分析的にとらえ、解決にむけて調整をする経験や学びの場をつくっていきましょう。

提言6

地域とむすぶ、子どもを中心としたカリキュラムを！

- 多くの自治体が「教育再生」や「教育県（教育のまち）〇〇の復活」、「全国学力調査〇位以内」などを教育の「特色」として掲げ、その実現にむけた教育施策を次々と打ち出しています。「特色」の多くは、「全国学力・学習状況調査」の結果をもとにした「学力向上」です。子ども不在の「特色」にふりまわされることなく、「子どもは地域で育つ」ことをふまえ、「子どもを中心とする学校づくり」「地域とつながる学校づくり」をすすめていきましょう。

- 「学校の特色」は、子どもたちがつくるものです。「こんなことをやってみたい」「もっとこれをじっくり学びたい」「自由な時間にもっとこんな経験がしたい」「将来はこれを実現させたい」「自分の住む地域をこんなふうにしたい」などの子どもの気持ちや声を尊重していきましょう。
また、カリキュラム編成にあたっては、保護者や地域の声を聞くことも大切です。それぞれの立場からわかる子どもの様子や個性を聞いていきましょう。カリキュラムは、子どもの学びに応えるもの、子どもどうしの協働的な学びを実現する支えとなるものです。子どもたちの活動や学びの過程を大切にしたカリキュラムづくりをすすめていきましょう。

memo

学習指導要領と
カリキュラム編成

総 論	# 学習指導要領改訂のねらいとその問題点
	～改革指針の4本柱に対する批判～

　次期学習指導要領改訂の最も主要な指針として (1) 社会に開かれた教育課程、(2) 資質・能力を中心とする教育課程、(3) カリキュラム・マネジメントの確立、(4) 「主体的・対話的で深い学び」の推進などの諸点を掲げることができます。これらに関して、私たちは次のようなとりくみをすすめていきましょう。

●社会を多面的・多角的に＝批判的に捉える教育課程をめざしましょう。

　たんに「社会に開かれた教育課程」というだけでなく、子ども・若者たちが社会の抱える諸問題を批判的に捉えられる民主的な主体として育つような、そして何よりも「平和・人権・環境・共生」の大切さが広く共有されるような社会の実現に向けた教育課程の実現をめざしましょう。

　「社会」に開くといっても、どんな社会に開くべきなのかという点に関しては、相対立する視点を含め多様な考え方があります。社会に開くということには、こうした対立・葛藤が伴うということを軽視すると、より力の強い立場にとって望ましいとされる社会観が全体主義的に押し付けられることになりやすいものです。したがって、私たちとしては、どんな社会をめざすのかという観点も重視し、この点について学校現場の各教職員が主体的に考え議論し続ける機会が保障されること、かつ、多様な社会観の中でも、とりわけ人権主義・平和主義という言葉で明確に表現できる理念の実現に向けた教育をめざしていきましょう。

●一人ひとりの子どもの存在が肯定される教育をめざし、「平和・人権・環境・共生」の理念に根ざした民主的な主体となることにつながるカリキュラムの編成をめざしましょう。そして、その条件整備の必要性を強く訴えていきましょう。

　身に付けるべき「資質・能力」という視点に伴う目標準拠評価が優先されると、目標到達度から子どもを見ることが先立つことになります。公教育では、一人ひとりの子どもたちが自らの存在を肯定的に受け止められる機会の保障が最も重要で、「資質・能力」中心の教育観の落とし穴には十分注意したいところです。その意味で、ゴール・フリー評価（目標にとらわれない評価）や個人内評価の基盤的重要性を再認識する必要があります。くわえて、子どもと一緒に評価のあり方を考えていくということも重視していきたいところです。

　また、子どもにどのような力を身につけさせたいのか、どのような子どもを育てようとするのかという「資質・能力」論は、どんな社会の実現をめざすかという「社

会観」と相即不離です。私たちは、これまでのカリキュラムの編成に関するとりくみの蓄積を活かし、子どもが民主的な主体として育つことに重点を置くべきです。さらに、そのために各現場・各教職員こそが、一人ひとりの子どもの育ちに関して主体的に考え、議論し続けることの重要性を主張していく必要があります。

　そもそも、「資質・能力」を中心とする教育課程への転換は、断片的な知識の暗記を中心とする教育・学習から脱却し、子ども・若者たちが現実生活の様々な場面で出会う問題を主体的・協同的に解決していける力の育成に資する教育をめざすことを意味します。この点に一定の意義は認められますが、こうした教育には教育内容の現場における主体的な精選が不可欠であることも継続的に訴えていくべきです。

● **PDCA サイクルの厳格化よりも、目の前の子どもの実態に則したカリキュラムの編成をめざしましょう。**

　「カリキュラム・マネジメント」の推進論においては、育てるべき「資質・能力」＝育てようとする子ども像の明確化、その実現に向けた教科・領域横断的な学校全体でのとりくみ、および、このとりくみに関する PDCA サイクル確立の重要性が謳われています。しかし、私たちはカリキュラム・マネジメントという言葉を用いずとも、カリキュラムの編成において、各現場で目の前の子どもたち一人ひとりの課題を意識しながら、その成長に資するカリキュラムを計画・実践し、子どもたちの姿にもとづいて実践を振り返り、次の実践にその振り返りを活かしてきたという意味で、それは全国教研に見られる発表事例においてすでに実現されてきています。

　他方で、「資質・能力」論に関しては、それを明確化し共通理解をはかっていくこと以上に様々な視点の違いをつきあわせながら議論を重ねていくということの方が大切です。PDCA サイクルの厳格化が強調されると、それが現場の主体的な発想力を奪う文書主義や管理主義（一人ひとりの子どものゆたかな学びを創造するための実践よりも、むしろ形式主義的な文書作成とそうした文書にもとづく「監査文化」の蔓延）に堕する危険性があるという点を、私たちは広く訴えていきましょう。

● **各学校現場・各教職員による主体的な授業実践へ**

　文科省は、最終的にアクティブ・ラーニングという用語の使用を取りやめ、その内実の表現も「主体的・協働的な学び」から「主体的・対話的で深い学び」へと変更しました。そもそも、アクティブ・ラーニングは、表現が余りにもあいまいで、

また、小集団による話し合い活動という紋切り型の実践が蔓延していること、さらに「活動あって学びなし」といった授業のあり方などが問題とされていました。そのような問題意識をもちつつも、子どもたちが主体的な学びを実現していけるようにするためには、各学校現場の教職員自身が主体性を発揮できるようにすることが重要になるはずです。私たちは、そのための十分な制度的・物理的条件が整備される必要性、および現場の裁量範囲である教育方法に上位機関が安易な統制をはかることの危険性を唱えていきましょう。

● **ボトムアップ型教育改革へ**

道徳の教科化、小学校における外国語の教科化、プログラミング教育の必修化など、その重要性・必要性に関して教育現場の声を十分に反映することなく、トップダウンによる教育課程改革がすすめられています。私たちは、新たな産業社会の変化を視野に収めつつも、より望ましい民主主義社会の実現のために、こうした改革への批判的視点を明確にしながら、それが子どもたちのゆたかな学びを阻害することにならないようなとりくみをめざしていきましょう。

提言7

みんなでカリキュラムの創造を!

- 文科省がすすめる「カリキュラム・マネジメント」は、膨大にふくれあがった学習指導要領の中身を吟味することなく、カリキュラムを編成させようとするものです。このままでは、目標準拠評価主義にもとづくPDCAサイクルに翻弄され、教育は矮小化し、「学力テスト」体制のもとで子どもたちの居場所となるべき学校は差別・選別の場へと変質していきます。

  文科省は、今回の改訂でも「教育課程の編成主体は各学校にある」ことを示しています。教育課程の編成権は、私たちの手の中にあるのです。今こそ、「平和・人権・環境・共生」を基盤としたカリキュラムの創造をめざし、主体的な教育実践を積み重ねていきましょう。

- 目の前の子どもと語りあい、その思いや考えを受け止めることから始めていきましょう。私たちには子どもや地域に寄り添ったすばらしい実践が数多くあります。そうした実践から真摯に学び、子どもたち一人ひとりが他者との関係性を紡ぎ、ともに生きあえるよう、学びの質を高めていきましょう。そして、学校運営の意思決定にすべての教職員が主体的に参加できるよう、民主的な職場環境をつくり、協力・協働でカリキュラムを創造していきましょう。

提言8

一人ひとりを肯定し、尊重する評価を！

- 文科省は、「主体的・対話的で深い学び」を行う目的をこれからの時代に求められる「資質・能力」を育むためとしています。この「資質・能力」を中心とする教育課程は、「何ができるようになったか」で子どもたちを選別することになる危険性があります。私たちには、長年にわたって教育研究活動で積み上げてきた多くの実践があります。そこでは、「何ができるようになったか」ではなく、子どもたちの学びの過程が重視されてきました。そして、それはこれからも重視されるべきです。

- そもそも一人の子どもの全てをとらえることは難しく、私たちはそのことを忘れてはいけません。「テスト」によって数値化されたものを重視しすぎると、一人ひとりの子どものゆたかな学びを実現できないことはおろか、現場での実践は「テスト」対策に偏り、歪んだものになる恐れがあります。また、「何ができるようになるか」という観点が先立つ学習では、必然的に「できない子ども」を生み出すという危険性を、私たちは自覚するべきです。

- インクルーシブでゆたかな学びを創造するためには、育成すべき「資質・能力」の前に、一人ひとりの子どもが肯定され、尊重される教育が大切です。目標準拠評価が強調されると、多様な子どもの姿が見落とされることになりかねません。その点で、目標準拠評価とともに、ゴール・フリー評価や個人内評価を重視する必要があるでしょう。また、評価の枠組や方法を子どもたちと一緒に考えて、子ども自身が主体的に自らを振り返り、次の見通しが持てるような評価のあり方も考えていきましょう。

提言9

ちがいを認めあい、自尊感情をゆたかに育む「道徳」に！

- 文科省は、規範意識の薄れがいじめや不登校を引き起こす要因であるとして、学校において規範意識を高める必要性を強調しています。しかし、私たちは子どもと接する中で、いじめや不登校が規範意識の薄れによるものではないことを実感しています。

- 私たちがこれまで積み上げてきた地域教材を活用し、身近な社会的課題を通して、子どもの実態にあった教材づくりをしていきましょう。

- 「道徳」では、さまざまな背景をもつ子どもたちが自分と異なる価値観に気づき、互いに認めあいながら、物事を批判的に考えたり判断したりすることが重要です。多様な意見を安心して発信できる場と集団の中で、子どもはこうあるべきだという既成の価値観にとらわれない「多面的・多角的に考える」授業づくりをすすめていきましょう。また、その際、私たちが常に重視してきた人権教育の視点を十分に取り入れていきましょう。

- 評価を行うことは、心の内面までを評価することにつながりかねません。たとえ個人内評価だとしても子どもの「成長の様子」を意識しすぎると「できる・できない」といった尺度に引きずられ、目の前の子どもを肯定的に受け止めることが難しくなります。多様性を認め、自尊感情をゆたかに育みながら、子どもに寄り添っていきましょう。

提言10

多文化共生をすすめる外国語教育を！

- 小学校中学年への外国語活動、高学年への外国語科導入にともなう時数増は、子どもの負担をいたずらに増やすことにしかなりません。短時間学習や土曜日の活用、長期休業中の学習による時数確保は、学校に過度の負担を強いることは間違いありません。こうした問題点の認識を広く共有していくことも大切でしょう。

- 現代日本では、グローバル化する世界の中で、すべての子どもに英語の能力が必要となるという論調で英語教育が推進されています。外国語教育は、英語に特化されるべきではありません。言語技能の習得にとどまらず、多文化共生につながる異文化理解をめざしていきましょう。また、外国につながる子どもたちの母語・母文化を保障していくことが必要でしょう。

- 中学校・高等学校の英語教育では、英検・TOEFL・iBT® の資格取得など、子どもの実態に配慮しているとは思えない目標が定められています。私たちは、多様な子どもの実情に配慮することが責務であることを改めて主張していきましょう。

Ⅲ
学校現場の状況とカリキュラム編成

総論

子ども・教職員をとりまく課題
～「力をつける」という誤診～

　次期学習指導要領の改訂の基本方針は「グローバル化の進展や人口知能（AI）の飛躍的な進化など、社会の加速度的な変化を受けとめ…未来を創り出して行くために必要な資質・能力を子どもたち一人一人に確実に育む学校教育」となっています。

　現場の状況とはかけ離れたヴィジョンであると言わざるを得ません。現実の子どもの中には学力競争や貧困の中でせめぎあい、空気を読みあい、いじめや不登校に追いやられている現状さえあります。教職員は増加する一方の職務に子どもをゆったり受け入れる時間も寛容さも奪われ、心身ともに疲弊しています。基本方針では、子どもや教職員をとりまく学校課題に焦点があてられておらず、グローバル化のための人材育成をめざしていることが読み取れます。

　今の社会的価値観の中で子どもに「資質・能力」を育んでいくとしたら、未来を創り出していけるのだろうかと危惧されます。個々がそれぞれに能力を高めるというメカニズムは、競争を激化させ、人間関係の中で自責他害（自分を責め、他者に恨みをもつ）を広げてきました。個人の能力を高めるという構造そのものが、社会的な課題を作っていることになります。

　教育をとりまく経済格差は年々開き、国民に対する配分は改善されず悪化が加速しています。さらに、その配分の尺度は「能力」という悪循環となっています。

　2007年から始まった全国学力調査は、莫大な税金を使い、育成された子どもの能力を利用して未来を切り開こうとするものです。都道府県・市町村の教育委員会では、議会等の指摘に管理され、学校現場は残念にもひたすら点数を上げるという目標にむかって走らされています。

　結果、子どもの多様な日々のできごとを教職員もともに分かちあい、喜びあう場面は縮小し、効率的に授業ができる方法論が拡大する学校が生み出されている状況です。多忙な学校現場では、改善の方向性を考えあう時間も意欲も奪われ、消耗するばかりの教職員が増えています。自由闊達な子どもの育ちに対して、とても失礼な状況が加速しているのです。

　社会の課題を乗り越える方法を教育だけに矮小化することなく、経済格差や雇用の劣化という基本的な課題を改善するなかで、子どもや教職員、保護者を力づけるという現実的なヴィジョンについての整理が求められます。

　今、必要なのは、個の資質や能力アップを強化する政策ではなく、生きづらくされている若者やおとなたちに雇用や居場所を充分に確保する枠組みです。そのためには個の能力を高めるという悪循環の道筋ではなく、人々の多様性が現実的に認められる制度設計と価値観の更新が必要なのです。

提言11

超勤・多忙解消の実現にむけた具体的調整を！

● 「子どものために」と何でも抱え込んでいませんか？ 教職員の仕事が常に飽和状態である学校は、よい環境であるとはいえません。「ゆとりある生活を送ること」の大切さを、教職員の姿から伝えていくことが必要です。具体的に仕事の削減をすすめ、子ども一人ひとりの個性や自由な考えを受け入れられるゆとりをつくりましょう。

● 日本の教職員の長時間勤務実態が、さまざまな調査結果から明らかになっています。超過勤務の要因として、部活動指導と各種調査報告等があげられています。一般的事務業務の削減は、各学校の努力だけでは思うようにすすみません。分会、支部、単組が、各教育行政による多忙化の原因を具体的に示し、削減を求めるとりくみが必要です。さらに、管理職に対し、教職員一人ひとりの超過勤務の実態を把握させることも重要です。

● 部活動が、子どもたちにとって過度な負担となっていませんか？ あなたの学校には、土・日、両日の活動によって、月曜日の授業で疲れた様子の生徒はいませんか？ 私たち教職員のワーク・ライフ・バランスの視点もふくめ、休養日を徹底し、部活動のあり方を見直しましょう。

日教組
教職員の過重労働や超過勤務を解消するための 15 の緊急提言より

● 「労働時間適正把握ガイドライン」（2017 年 1 月 20 日厚労省策定）を直ちに実効化し、法令等に沿った勤務時間管理の適正化を図ること！

● 教育委員会の責任で自治体一斉の「ノー部活デー」や「ノー残業デー」等を実施し、定時退庁できる環境整備をめざすこと！

● 長期休業中に閉庁日を設けるなどし、連続した休暇を取得しやすくすること！

● 教育委員会・管理職は、法令に沿った労働安全体制の確立をはかること！

● 行政、学校が一体となり、すべての教職員で新採用教職員を支援する学校運営体制を整備すること！

提言12

現場での教育研究活動の充実を！

- 子どもたちのゆたかな学びを実現するためには、日ごろから教育研究活動をすすめていくことが大切です。貧困や虐待等、厳しい現状におかれている子どもたちに寄り添い、声を聞くことは私たちの大切な役割です。職員室や廊下などで、ほんの少しの時間であっても、子どものことを話してみませんか？こうした子ども理解の場を重ねることで、子どもたちや学校の実態に沿った教育研究活動が充実していきます。

- 業務の見直し・精選を求め、本当に必要な子ども理解の時間を生み出すことで、現場からの教育研究活動につなげていきましょう。

提言13

協力・協働の職場づくりを！

- 協力・協働の職場づくりは常に大切です。しかし、「チーム学校」の名のもとに、「管理的」「画一的」な学校経営がすすめられては本末転倒です。
様々な個性や意思がある子どもがいて、お互いを認めあう、そんなクラスがすてきですよね。教職員集団も同じです。様々な個性や意見を持つ教職員が、お互いを認めあい、刺激しあい、支えあって働くこと、それが協力・協働です。

- 職場で教職員がお互いに支えあって働けるようにするには、そのための環境づくり・人間関係づくりが必要です。あなたの職場では「明日、休みます」と言える環境ですか？「全国学力調査ばかりにエネルギーを使うのはおかしい」「これ以上、授業時間が増えるのはしんどい」と職場の仲間と、本音を言いあえる雰囲気や時間がありますか？ 周りの人とちょっと話をするだけで気持ちが楽になるものです。まずは、「ちょっと聞いて！」「話をしてもいい？」と言える雰囲気づくり、人間関係づくりから始めてみましょう。

日教組カリキュラム編成検討委員会　委員

委員長	瀧本　司	日教組書記次長
委員	西村　浩充	北海道教職員組合
	平野　薫	岩手県教職員組合
	松木　良太	山梨県教職員組合
	松田　朋子	新潟県教職員組合
	稲葉　吉則	愛知県教員組合
	木岡　政人	奈良教職員組合
	酒井　栄治	岡山県教職員組合
	岡田　浩幸	高知教職員組合
	藤井　隆晴	福岡県教職員組合
	福澤　富美代	日教組教育改革部長
	下坂　千代子	日教組インクルーシブ教育部長
	左波　順好	日教組教育政策部長
	朝野　雅子	日教組教育文化部長
協力者	池田　賢市	中央大学教授・教育総研所長
	桜井　智恵子	大阪大谷大学教授・教育総研副所長
	澤田　稔	上智大学教授
事務局長	小山　悟	日教組教育研究部長
事務局次長	藤川　伸治	日教組組織・労働局長
	西原　宣明	日教組教育文化局長
事務局員	佐野　利男	日教組教育文化局書記
	関　美紗子	日教組教育文化局書記
	中善寺　真美	日教組教育文化局書記
	渡辺　典子	日教組教育文化局書記